LES
COURS D'ÉTUDES SUPÉRIEURES
POUR FEMMES
EN RUSSIE

APERÇU HISTORIQUE

PARIS

JOUVE ET BOYER
IMPRIMEURS
15, Rue Racine, 15

1900

COURS D'ÉTUDES SUPÉRIEURES

POUR FEMMES

EN RUSSIE

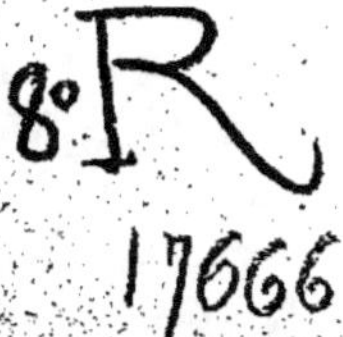

LES
COURS D'ÉTUDES SUPÉRIEURES
POUR FEMMES
EN RUSSIE

APERÇU HISTORIQUE

PARIS
JOUVE ET BOYER
IMPRIMEURS
15, Rue Racine, 15

1900

[illegible]

[illegible]

[illegible]

[illegible]

LES COURS D'ÉTUDES SUPÉRIEURES POUR FEMMES EN RUSSIE

Notice historique.

Les Cours d'études supérieures pour femmes furent fondés à St-Pétersbourg en 1878. Comme d'autres établissements du même genre, ils doivent leur origine à l'initiative privée, encouragée par le gouvernement.

Vers 1866-1867, il existait à St-Pétersbourg un groupe de dames, qui s'occupait de traductions d'auteurs étrangers en langue russe et à la tête duquel se trouvaient Mmes Troubnikova et Stassova. C'est dans ce cercle que surgit l'idée de fonder un enseignement supérieur pour femmes.

C'est également à une femme de lettres, Mme Konradi, rédactrice en chef du journal « Nédélia », qu'appartient l'honneur d'avoir soulevé la question de l'instruction féminine supérieure. En décembre 1867, à l'occasion du premier Congrès des naturalistes qui tenait ses assises à St-Pétersbourg, Mme Konradi rédigea un mémoire démontrant la nécessité d'organiser des cours réguliers de sciences et de lettres pour femmes.

Le congrès approuva ce projet, mais, l'ayant trouvé en dehors de son programme, il ne voulut pas le discuter, et il refusa d'intervenir en sa faveur auprès du gouvernement.

Cependant le nombre des partisans de ce projet ne cessait d'augmenter, et, le 11 mai 1868, le mémoire en question, signé par 400 dames de St-Pétersbourg (sans compter les nombreux témoignages de sympathie) fut présenté à M. le professeur Kessler, recteur de l'Université de St-Pétersbourg.

Le recteur et les professeurs s'étant montrés franchement

favorables à l'instruction féminine supérieure, une commission
pour l'étude de cette question fut élue dans leur sein.

Le bruit qu'on avait l'intention de fonder une Université pour
femmes, se répandit rapidement. De toutes parts, les dames
russes adressaient au groupe promoteur de ce mouvement l'ex-
pression de leur chaleureuse sympathie. La nouvelle de cet
acte décisif ayant passé la frontière, le cercle d'initiatrices reçut
une lettre de félicitation et d'encouragement de John Stuart
Mill.

La réponse du conseil de l'Université de Saint-Pétersbourg
ne se fit pas attendre. Après avoir pris connaissance du rapport
de sa commission, le Conseil exprima son entière approbation
à l'idée d'organiser un enseignement supérieur des sciences et
des lettres pour femmes, mais il refusa de mettre les salles de
l'Université à la disposition de ces cours et il laissa à la charge
des pétitionnaires l'organisation matérielle de l'enseignement.
Le conseil se déclara prêt à examiner le projet et à s'occuper de
sa réalisation dès que le Ministre de l'Instruction Publique aurait
autorisé l'ouverture des cours à Saint-Pétersbourg et après que
les signataires du mémoire auraient présenté un plan complet,
relatif au côté matériel de l'entreprise. En même temps plusieurs membres du corps universitaire consentirent à prendre
part à cet enseignement.

Une députation, composée de Mmes Philosophova, Stassova,
Voronina et de M. le professeur Békétov, se rendit chez M. le
comte Tolstoï, Ministre de l'Instruction Publique, pour lui de-
mander l'autorisation de fonder des cours scientifiques pour
femmes et pour lui transmettre en même temps le projet de
cet enseignement.

Sur ces entrefaites et dans l'attente de la décision du ministre, un certain nombre de personnes, pénétrées de l'idée que
l'instruction féminine secondaire en Russie était insuffisante
pour préparer à des études vraiment scientifiques et agissant
indépendamment les unes des autres, organisèrent des cours
privés de mathématiques, de sciences naturelles et de littérature
russe, destinés aux femmes.

Des professeurs éminents, tels que MM. Békétov, Baxt,

Muller, Oussov, Mendéléiév, Herd, Stranolubsky, Evtouchevsky, Kroutitzky, Avramov, prirent une part active, souvent à titre gracieux, à cet enseignement. Des cours de chimie furent tenus par M. le professeur Fédorov à l'Académie d'artillerie, par M. Mendéléiév, dans le laboratoire du prince Kotchoubeï, et par M. Zernov, dans son propre laboratoire.

En outre de ces cours et conférences privés, le gouvernement autorisa un enseignement analogue dans le cinquième lycée de jeunes gens, près du pont Alartchine (d'où le nom de *Cours d'Alartchine*). On y professait la langue russe, les mathématiques élémentaires, la physique, la chimie, la pédagogie et, plus tard, la botanique, la zoologie, la géographie mathématique et physique.

Le 29 novembre 1869, le Ministre de l'instruction publique autorise l'ouverture à St-Pétersbourg, des cours supérieurs de sciences physico-mathématiques et historico-philologiques, mais sous la forme de conférences destinées aux deux sexes. Cette solution n'impliquait aucun changement dans le système d'instruction adopté à cette époque par l'Etat.

Ce genre de cours ne répondait certainement pas aux désirs des dames pétitionnaires qui avaient en vue un enseignement scientifique régulier. Elles entreprirent néanmoins cette œuvre avec le concours éclairé de plusieurs professeurs de l'Université, de l'Académie médico-chirurgicale et du président de cette dernière, M. Naranovitch.

Le Ministre de l'intérieur ayant, par lettre officielle, interdit aux fondatrices d'ouvrir dans les journaux une souscription au profit des cours et d'annoncer que les élèves pouvaient s'inscrire d'avance, on dut avoir recours à une quête parmi les personnes qui sympathisaient à l'œuvre.

Tels ont été les obstacles sérieux et imprévus avec lesquels il a fallu lutter pendant deux années entières.

Faute de capital, on dut se borner, au début, à quelques branches d'enseignement. Cependant les cours revêtirent d'emblée un caractère rigoureusement scientifique, et, bien qu'il y eût une certaine variation dans le choix des matières, on put professer régulièrement l'histoire et la littérature russes, l'histoire ro de Russie, l'histoire universelle, la botanique, la zoologie, la géologie, l'anatomie et la physiologie humaines, la chimie minérale et organique. Pendant deux ans, le droit politique et le droit criminel furent enseignés également.

Comme les honoraires du personnel enseignant ne pouvaient dépendre que du nombre d'élèves inscrites, vu l'absence de tout capital de fond, les professeurs décidèrent à l'unanimité, pour ne pas retarder l'ouverture des cours, d'enseigner à titre gracieux jusqu'au moment où le côté financier de l'entreprise serait complètement élucidé.

Une autre question importante se présentait, celle du local. L'Université ayant refusé de prêter ses amphitéâtres pour des conférences publiques, l'Académie médico-chirurgicale, avec l'assentiment de M. le comte Miloutine, Ministre de la guerre (1), offrit ses salles aux organisatrices des cours, et un local fut également mis à leur disposition par M. le comte Tolstoï, Ministre de l'instruction publique.

Le 20 janvier 1870, des cours public furent ouverts dans des salles aménagées à la hâte.

Pour la commodité des professeurs, ainsi que des auditrices, dont la plupart étaient occupées pendant la journée dans diverses branches de l'enseignement, les cours avaient lieu le soir. Les dimanches et les jours fériés, les professeurs s'occupaient de travaux pratiques avec les auditrices autorisées à travailler dans les laboratoires en l'absence des étudiants de l'Université. Les élèves payaient 25 roubles par semestre ou bien 5 roubles par cours. Le nombre des élèves fut de 900 dès la première année. On se trouvait donc en mesure de ne pas abuser de l'offre généreuse des professeurs auxquels on put attribuer des honoraires équivalents à ceux qu'ils recevaient dans les écoles supérieures pour hommes.

L'administration des cours fut confiée à un groupe de personnes, à la tête duquel se trouvait Mlle Stassova, comme directrice.

Bientôt les cours furent transférés à l'Institut historico-

1. L'Académie médico-chirurgicale se trouvait sous la dépendance du ministère de la guerre.

philologique, puis à l'Ecole régionale de la rue Vladimir où ils restèrent deux ans et prirent le nom de Cours de Vladimir, nom qu'ils ont conservé longtemps. Enfin, le directeur général de l'enseignement secondaire des jeunes filles, M. Ossénine, offrit de les transférer dans un lycée de demoiselles, situé à Vassily-Ostrov, à condition qu'ils ne soient fréquentés que par les femmes, ce qui d'ailleurs était conforme au plan primitif des fondatrices. L'autorisation du Ministre ne se fit pas attendre, et les cours Vladimir, qui de tout temps ont attiré plutôt des femmes que des hommes, perdirent définitivement leur caractère mixte.

Toutefois ces cours étaient fréquentés par un public assez mêlé, composé d'auditrices dont l'âge et le degré d'instruction variaient à l'infini. Les professeurs se trouvaient de la sorte empêchés de donner un caractère véritablement scientifique à leur enseignement qu'ils devaient forcément adapter à cet auditoire hétérogène et essentiellement changeant. Il n'y avait pas de programme fixe et on n'exigeait des élèves aucun certificat d'aptitude; en outre, la durée des études n'était pas déterminée.

Comme il ne pouvait exister de plan général des études, le contrôle officiel du programme de chaque cours en retardait parfois l'ouverture pour plusieurs mois. D'autre part, les ressources matérielles étaient insuffisantes, aucune souscription publique ne pouvant être organisée. Les personnes qui s'intéressaient à l'œuvre finirent par comprendre qu'aucun enseignement véritablement scientifique ne saurait exister dans ces conditions et, convaincues néanmoins de la nécessité et de la possibilité des études supérieures pour femmes, elles décidèrent, en 1875, de fermer temporairement les cours pour élaborer un nouveau projet de leur organisation.

Malgré les défauts qui leur étaient inhérents, les Cours Vladimir ont rendu des services incontestables : ils firent accepter au gouvernement et à la société le principe même de l'instruction féminine supérieure et ils procurèrent à un certain nombre d'élèves les connaissances nécessaires pour s'adonner avec fruit à l'étude de la médecine ; enfin, ils contribuèrent à

abréger la durée des études que beaucoup de femmes se virent
obligées de faire à l'étranger.

Cette première tentative fut le germe d'où sortit tout ce qui
a été fait depuis pour l'instruction supérieure des femmes en
Russie. D'autres villes universitaires, Moscou, Kiev, Kazan,
Kharkov, Odessa, Varsovie, suivirent l'exemple de St-Pétersbourg. La fermeture des cours Vladimir ne porta donc pas de
coup mortel à l'idée qui les avait fait naître. Tout au contraire,
les diverses écoles supérieures pour femmes, qui d'une façon
indirecte devaient leur origine aux Cours Vladimir, contribuèrent pour leur part au développement et à l'affirmation de cette
idée. L'énergie des personnes qui en poursuivaient la réalisation pratique augmentait même en raison directe des obstacles
à surmonter.

Une particularité intéressante qu'on relève dans l'histoire de
toutes les institutions d'enseignement supérieur pour femmes
de cette époque, c'est l'autonomie administrative de ces établissements. La gestion des Cours Vladimir appartenait à un comité
élu par les fondatrices. Les Cours Alartchine étaient gérés par
une délégation des élèves elles-mêmes. Les cours Loubiansky
furent administrés d'abord par leur fondateur M. Korolov, qui,
en les quittant, en transmit la gestion entre les mains des élèves. Les dames ont fait preuve en ces circonstances de réelles
aptitudes administratives.

Tous ces Cours, bien que dus à l'initiative privée, répon-
daient aux vues du gouvernement. Ils constituaient, en effet,
un moyen d'éviter l'exode des femmes russes à l'étranger pour
y chercher l'instruction supérieure qu'elles ne trouvaient pas
dans leur pays. Bien avant la fondation d'établissements de ce
genre, l'attention du gouvernement fut attirée par le nombre
toujours croissant de dames se rendant aux Universités étrangères. Sur un ordre de S. M. l'Empereur Alexandre II, une
commission spéciale, composée des Ministres de l'intérieur et
de l'instruction publique et du chef des institutions de S. M.
l'Impératrice Marie, fut chargée d'étudier les moyens pour
réagir contre cette anomalie. Cette commission reconnut la
nécessité de fonder en Russie des écoles féminines d'instruc-

tion supérieure, car il était évident que, dans l'intérêt même de la société, il fallait donner satisfaction à ces aspirations impérieuses des femmes aux études scientifiques. Quelque temps après, une autre commission, nommée également sur l'ordre de S. M. l'Empereur, fut chargée d'élaborer un projet de règlement pour les écoles féminines d'enseignement supérieur en Russie.

Le 9 avril 1876, sur la présentation de M. le comte D. A. Tolstoï, S. M. l'Empereur décréta la fondation de Cours d'études supérieures pour dames dans les villes universitaires. Ces Cours furent non seulement reconnus d'utilité publique, mais considérés comme indispensables, d'une part, pour enrayer l'affluence des femmes russes aux Universités étrangères et, d'autre part, à l'effet de créer un contingent de professeurs pour les classes supérieures des lycées et des institutions de jeunes filles, en remplacement des professeurs hommes dont le nombre ne suffisait même pas pour les lycées de garçons.

En vertu de ce décret, les Cours supérieurs pour femmes, fermés provisoirement, furent rouverts en 1878 sur le pied d'une organisation toute nouvelle. L'expérience antérieure ayant montré que les femmes désireuses d'acquérir une instruction scientifique s'intéressent tantôt aux lettres, tantôt aux sciences naturelles et tantôt aux mathématiques, les Cours d'études supérieures pour femmes à St-Pétersbourg comprenaient trois sections : celles des lettres, des sciences physico-mathématiques et des mathématiques spéciales. Pour suivre ces cours, les élèves étaient tenues de présenter un diplôme d'études secondaires. On admettait aussi des auditrices libres, mais seulement avec l'autorisation du curateur de la circonscription scolaire. Les droits d'études se montaient à 50 roubles par an. Les élèves devaient suivre aussi des Cours pratiques et étaient astreintes de subir des examens de fin d'année. Le diplôme de cet établissement ne conférait aucun droit ou privilège particulier.

Le Ministre, en autorisant l'ouverture de ces Cours, exprima le désir de voir M. Bestoujev-Rumine, professeur de l'Université de St-Pétersbourg, à la tête de la nouvelle institution.

L'éminent savant consentit volontiers à assumer la tâche pénible et la grande responsabilité de fondateur des Cours qu'il dirigea, à titre purement gracieux, jusqu'en 1881, époque où une maladie l'obligea d'abandonner ce poste, ainsi que St-Pétersbourg.

Voici quelles étaient les branches d'enseignement à la section historico-philologique :

>Théologie
>Histoire de la grammaire russe
>Littérature russe
>Histoire de la philosophie
>Histoire de la littérature universelle
>Histoire de Russie
>Histoire universelle : antiquité, moyen âge, période moderne.
>Histoire des peuples slaves
>Droit civil et droit politique
>Histoire de l'art
>Economie politique
>Langues : latin, français et allemand.

La section physico-mathématique comprenait les branches suivantes :

>Théologie
>Mathématiques élémentaires
>Mécanique élémentaire
>Géographie physique
>Physique
>Cosmographie et astronomie
>Minéralogie et géologie
>Botanique : morphologie et physiologie des plantes
>Zoologie (vertébrés et invertébrés)
>Anatomie humaine
>Physiologie
>Chimie inorganique, organique et analytique
>Chimie rurale
>Agronomie
>Calcul des probabilités

Section spéciale des mathématiques :
    Algèbre supérieure
    Trigonométrie
    Géométrie analytique
    Calcul différentiel
    Calcul intégral
    Mécanique supérieure
    Théorie des nombres
    Thermochimie

Les plus illustres savants de l'Université de Saint-Pétersbourg prirent une part active à cet enseignement. Leurs honoraires étaient d'abord de 300, puis de 250 roubles par leçon hebdomadaire. Beaucoup d'entre eux tenaient des cours supplémentaires gratuits. D'autres abandonnaient au profit de l'œuvre une partie de leurs émoluments et n'acceptaient aucune rémunération pour les examens ni pour les travaux pratiques, complément nécessaire des Cours.

L'histoire de l'instruction supérieure des femmes sera à jamais indissolublement liée aux noms de MM. les professeurs Bestoujev-Rumine, Bauer, Batiouchkov, Vassilevsky, Vesselovsky, Gradovsky, Karinsky, Miller, Pachman, Platonov, de l'archiprêtre Tikhomirof, de Somov, Chébor, Iagitch et Ianson, pour les lettres : de Békétov, Boutlérov, Bogdanov, Bilibine, Borodine, Borgmann, Wagner, Guéséhus, Imchénetzky, Inostrantzev, Lvov, Mendéleiev, Petrouchevsky, Ovsiannikov, Posse, Sétchénov, Somov et Famintzine, pour les sciences.

Ainsi qu'il a été dit, les Cours comprenaient des travaux pratiques : à la section des lettres, les élèves présentaient des compositions écrites sur différents sujets, et, à la section des sciences, en plus de ces compositions, elles étaient tenues de travailler dans les laboratoires.

Grâce à ces études sérieuses, le niveau des connaissances et du développement intellectuel des auditrices était très élevé à leur sortie de l'établissement. Pour obtenir du Conseil pédagogique un certificat de fin d'études, les élèves étaient non seulement tenues de subir des examens et de suivre les travaux pratiques, mais elles devaient présenter encore une thèse (dissertation). Certaines de ces thèses furent même très remarquées.

Dès la première promotion, le Conseil pédagogique jugea nécessaire de donner aux élèves les plus douées les moyens de poursuivre leurs études scientifiques sous la direction d'un professeur. En conséquence certaines d'entre elles furent attachées aux Cours comme assistants, chefs de travaux pratiques ou répétiteurs. Tel a été le cas de Mmes Serdobinskaia (physique), Davydova (chimie), Solomko (minéralogie), Rossyskaia (zoologie), Schepkina (histoire de Russie), Vesselovskaia (langue latine), Schiff, Velitchko et Belychéva (mathématiques). Ces essais pédagogiques ont donné dès le début d'excellents résultats.

La plupart des dames ayant terminé leurs études supérieures ont obtenu des places dans différents établissements scolaires ; écoles municipales, écoles des zemstvos, cours du soir et du dimanche pour enfants et ouvriers, écoles techniques et professionnelles, écoles normales pour femmes. D'aucunes sont devenues directrices de lycées de jeunes filles ; d'autres ont fondé des écoles privées et d'autres encore se sont vouées à l'éducation privée de l'enfance. Les Cours ont même fourni des institutrices pour l'Amérique et pour Jérusalem.

Les Cours d'études supérieures pour femmes ont grandement contribué à développer chez leurs élèves l'aptitude au travail intellectuel et le goût des études scientifiques.

Nous en voyons la preuve dans le fait que beaucoup d'entre elles se sont vouées à la science. Aussi n'est-il pas rare de voir figurer leurs travaux dans les revues scientifiques russes et étrangères.

Au moment de leur ouverture, les Cours supérieurs pour femmes de St-Pétersbourg ne disposaient d'aucune somme d'argent pour louer un local, et ce n'est que par les soins de M. I. T. Ossinine, directeur des lycées de jeunes filles, qu'on parvint à les caser dans le Lycée Alexandre où les études devaient avoir lieu le soir. Pour procurer les fonds nécessaires, on fonda une Société dont les statuts furent approuvés par le gouvernement, le 4 octobre 1878 (Voir p. 28).

La Société devait se composer de membres des deux sexes en nombre illimité (§ 3) ; elle était autorisée à avoir recours à tous les moyens légaux pour augmenter les fonds des Cours (§§ 4 et 7). La direction et le contrôle étaient confiés aux assemblées générales (§§ 28-29). L'administration se composait d'un Comité de 12 membres élus par l'assemblée générale. Le Comité avait droit d'inviter, au besoin, à ses séances des membres de la Société et des personnes étrangères. En sa qualité d'organe administratif, le Comité gérait les affaires financières de l'institution, établissait le budget annuel et s'occupait, en somme, de tout, sauf de l'enseignement proprement dit (§§ 10-21). La Société avait son sceau particulier et elle était nantie du droit de posséder des biens mobiliers et immobiliers (§§ 29 et 30).

Au point de vue matériel, l'organisation des Cours fut satisfaisante dès la première année. Ce résultat était dû, d'une part à la grande affluence des élèves dont le nombre a dépassé 800 et, d'autre part, aux efforts d'un groupe dévoué à la cause de l'instruction féminine, groupe qui a su encourager les donateurs et profiter d'une façon intelligente des droits concédés aux Cours.

Le premier Comité fut élu le 5 novembre 1878. Il avait pour présidente Mme A. P. Filosofova, pour vice-présidente Mme O. N. Roukavichnikova, pour secrétaire Mme A. N. Annenskaia, pour trésorière Mme V. P. Tarnovskaia et pour membres Mmes E. A. Botkina, S. V. Kovalevskaia, O. A. Mordvinova, M. K. Tsébrikova, MM. Bardovsky, Herd et Stranolioubsky. Mme N. V. Stassova, élue directrice, fut nommée inspectrice des Cours d'études supérieures pour femmes par le Ministère de l'instruction publique.

Les professeurs formaient un conseil pédagogique qui s'occupait de la direction générale de l'enseignement et dont le président était considéré comme chef de l'établissement. La surveillance des élèves incombait à l'inspectrice et à ses aides.

Deux membres du Comité devaient assister aux séances du Conseil et, réciproquement, deux membres du Conseil étaient tenus de prendre part aux délibérations du Comité, mesure qui contribua à resserrer les liens de solidarité entre ces deux organes administratifs.

Les inconvénients du petit local gratuit au Lycée Alexandre s'étant fait sentir dès la première année, le Conseil pédagogique, les examens une fois terminés, déclarait qu'il était nécessaire de se procurer des salles où les études pourraient avoir lieu le jour et non pas la soirée seulement.

En conséquence le Comité s'adressa à la municipalité de St-Pétersbourg, la priant de lui affecter un des bâtiments appartenant à la ville, mais on ne put trouver rien d'approprié. C'est alors qu'on se décida à louer la maison de Mme Botkina (rue Serguiévska'a, N· 7), qui fut aménagée pour la circonstance. Dans ce nouveau local assez vaste, bien que non dépourvu d'inconvénients, le travail reprit avec une activité des plus intenses et de meilleur augure.

La durée des études avait d'abord été fixée à trois ans, mais, dès la seconde année, le Conseil pédagogique proposa de la prolonger jusqu'à quatre années, à l'exemple des Universités. Le Comité appuya énergiquement ce projet qui ne rencontra pas d'opposition de la part des autorités et dont la réalisation eut pour effet de relever davantage le niveau de l'enseignement, de stimuler l'énergie du Conseil et du Comité et d'aviver les sympathies de la société russe à l'égard de l'instruction féminine supérieure.

La Société protectrice des Cours d'études supérieures pour femmes, après avoir débuté dans des circonstances bien défavorables, se développait d'année en année. En 1879, à la suite d'une requête du Comité et sur la présentation de M. le comte Tolstoï, Ministre de l'instruction publique, une subvention annuelle de trois milles roubles fut accordée aux Cours par le gouvernement, et, en 1882 la municipalité de St-Pétersbourg leur assignait, de son côté, une somme égale. La subvention de la ville devait être employée au payement d'une partie du loyer. La municipalité a eu même l'intention d'employer 1200 roubles pour l'acquisition d'un terrain, mais, dans la suite, alors que fut construit le bâtiment destiné spécialement aux Cours, ce don fut affecté aux frais généraux de l'entreprise.

Cependant toutes ces ressources, plus la perception des droits d'études, ne pouvaient suffire aux frais de l'enseignement. Pour combler ce déficit et pour couvrir les dépenses de l'installation, de l'entretien et de l'agrandissement progressif d'une œuvre de cette importance, il fallait avoir à sa disposition des sommes annuelles considérables, et c'est la Société protectrice qui se chargea de les procurer. Elle sut non seulement faire face aux frais courants, mais elle éleva aussi l'enseignement au niveau nécessaire. C'est à cette même époque que remontent la fondation de la bibliothèque et l'organisation définitive des laboratoires.

Le budget annuel des Cours ne tarda pas à atteindre 60.000 roubles, somme modique si l'on songe qu'elle était destinée à trois sections d'enseignement supérieur, comprenant chacune quatre années d'études.

Si, malgré l'insuffisance des moyens pécuniaires, les Cours ont prospéré, c'est grâce au désintéressement des professeurs, toujours prêts à enseigner gratuitement et à faire tous les sacrifices matériels pour l'œuvre commune.

Fort de cette sympathie générale et ayant, d'autre part, appris à connaître, par six années d'expérience, les inconvénients d'un local gratuit ou loué, le Comité décida, enfin, d'acquérir une maison pour son propre compte. Dans ce but il s'adressa d'abord à la Municipalité de St-Pétersbourg, espérant obtenir d'elle en donation un terrain appartenant à la ville. Cette démarche ayant échoué, le Comité parvint à réunir les fonds nécessaires pour l'achat d'un emplacement situé sur la dixième ligne du Vassily-Ostrov, et il y fit construire par M. A. F. Krassovsky, architecte-académicien, une maison spacieuse, adaptée à tous les besoins d'une école de hautes études et dont le plan avait été élaboré gratuitement par un groupe de spécialistes distingués. La distribution intérieure de cette maison (dont la valeur, y compris le terrain, est de 230.000 roubles) est des plus confortables. Les salles, dont quelques-unes construites en amphithéâtre, sont spacieuses. Il y a une bibliothèque, des laboratoires de physique, de botanique, de zoologie, de minéralogie, d'anatomie, de physiologie et de chimie. Ce dernier, particulièrement vaste, est pourvu de tous les perfectionnements modernes ; il a été construit aux frais de Mme O.-N. Roukavichnikova qui a fait don de tout un capital dans ce but. La maison est pourvue de bureaux d'administration, de corridors, de salles bien éclairées, d'un réfectoire pour élèves, d'une cuisine et autres dépendances. Rien n'a été négligé au point de vue des conditions hygiéniques, notamment en ce qui concerne le chauffage et la ventilation.

Des résultats aussi considérables, obtenus en une période relativement courte de six années, ne sauraient, certes, s'expliquer que par la sympathie et le concours actif que la Société a partout rencontrés. Et de fait, comme en font preuve les comptes-rendus, on a vu affluer de tous côtés, même des régions les plus lointaines de l'empire, de la part de diverses institutions, des zemstvos et de simples particuliers, des dons d'argent variant de quelques kopeks à plusieurs milliers de roubles. Il y a lieu d'exprimer ici une reconnaissance toute particulière à MM. A.- M. et I.-M. Sibiriakov et à Mme Vorontzova-Veliaminiva (née Vargounina), qui ont puissamment contribué à l'organisation définitive des Cours par des donations importantes. Nombre d'autres personnes ont mis à la disposition de la Société leur temps et leur travail à titre purement gracieux, comme c'était, par exemple, le cas des architectes et des ingénieurs qui, ainsi qu'il a été dit, ont rendu, lors de la construction de la maison des Cours des services précieux et absolument désintéressés.

Il est donc bien prouvé que l'instruction supérieure des femmes, qui a su attirer des sympathies aussi profondes de l'élite de la société russe, répond par cela même à un besoin réel et conscient. La construction du bâtiment des Cours est un gage de la stabilité de l'œuvre en même qu'une preuve matérielle de l'activité féconde de la Société protectrice des études supérieures pour femmes.

En 1886, l'admission de nouvelles élèves, fut suspendue par ordre du Ministère de l'instruction publique, en vue des travaux d'une commission spéciale chargée d'étudier, sous la présidence de M. l'adjoint du Ministre, la question de l'instruction féminine supérieure.

Désireux de contribuer, dans la mesure du possible, à une

prompte solution de cette question, le Comité de la Société protectrice s'empresse de rédiger à ce sujet un mémoire qu'il présente en novembre à ladite Commission. Ce mémoire, consacré à l'histoire de l'enseignement supérieur pour femmes en Russie et en particulier aux cours de Saint-Pétersbourg, précisait les services que ces institutions avaient rendus à l'enseignement et l'attitude que le gouvernement, la société russe et les élèves elles-mêmes ont observée à leur égard (Voir compte-rendu VIII pour l'année 1885-1886).

Comme conclusion, le Comité établissait les principes qui, d'après son expérience de huit années pouvaient servir de base à l'organisation d'une école supérieure pour femmes. Il estimait que cet enseignement ne devait viser aucun but professionnel, mais devait, au contraire, être essentiellement scientifique et comprendre les branches principales des sciences historico-philologiques et physico-mathématiques, enseignées par des professeurs autorisés. En somme, il s'agissait dans l'espèce d'un enseignement purement universitaire, comme forme et comme caractère général, et que seules des femmes ayant terminé leurs études secondaires étaient appelées à suivre; les élèves, ayant terminé avec succès ces études, pouvaient passer des examens (près des Universités) pour un diplôme conférant le droit d'enseigner dans toutes les classes des lycées de jeunes filles.

Ces questions étant encore pendantes, les Cours eurent à traverser une crise grave, qui dura trois ans. Comme on n'admettait plus de nouvelles élèves, on dut supprimer l'une après l'autre les études de premières années, toujours les plus fréquentées, ce qui ruinait le budget au moment même où il fallait faire face à une dette de 126.000 roubles, contractée pour la construction de la maison et dont les intérêts se montaient à 8.500 roubles.

Cependant le Comité sut éviter un déficit, et les élèves purent terminer leurs études, bien que chacune d'elle ait coûté au Cours, pendant la dernière année, 227 roubles, au lieu de 75, comme c'était le cas lors de la période de pleine activité de l'institution.

Ces résultats n'ont pu être obtenus qu'à l'aide d'une économie sévère et grâce surtout à la générosité de certains créanciers qui faisaient abandon de leurs droits sur les intérêts ou bien en ajournaient le payement. Fait consolant, le nombre des nouveaux adhérents à la Société, loin de diminuer, s'est, au contraire accru pendant cette triste période. C'est que dans la partie éclairée du public on ne doutait pas de la régénération prochaine d'une institution à laquelle étaient indissolublement liées les aspirations les plus nobles de la génération féminine.

Et l'on ne se trompait pas. Le 10 janvier 1889, quelque temps avant les examens de sortie avec lesquels devait coïncider la fermeture des Cours, le Comité adressa une supplique à S. M. l'Empereur Alexandre III demandant l'autorisation d'admettre des élèves pour la nouvelle année scolaire, ne fut-ce qu'à titre de mesure provisoire et jusqu'à la promulgation de la loi sur l'instruction féminine. Cette démarche fut couronnée de succès. On autorisa l'admission des élèves, mais à la condition d'introduire dans l'organisation des Cours des changements conformes aux principes élaborés par la commission qui avait été chargée de l'étude de la question de l'instruction féminine supérieure. En effet, dans une séance extraordinaire de la Société protectrice des Cours, tenue le 9 mars 1889, le Comité communique la réponse de M. le curateur de la circonspection scolaire de Saint-Pétersbourg, datée du 27 février et informant que S. M. l'Empereur avait invité le Ministre de l'instruction publique à donner son avis sur la requête de la présidente du Comité. En conséquence M. le comte Délianov, soumit à S. M. l'Empereur son opinion concluant en faveur de l'admission de nouvelles élèves aux Cours d'études supérieures pour femmes, à condition toutefois de se conformer aux principes d'organisation indiqués par la Commission.

Voici comment ces principes ont été formulés par le Ministre :

1) La direction générale des Cours doit être confiée à un professeur unique, chargé du choix des autres professeurs, la partie pédagogique proprement dite restant à la charge d'une inspectrice et d'aides, nommées par le Ministre de l'instruction publique.

2) Un Conseil spécial pourra s'occuper des affaires administratives. Les frais d'entretien des Cours seront couverts, d'une part, par les sommes perçues pour droits d'études et, d'autre part, par les fonds de la Société, mais conformément à un budget établi d'avance et soumis au contrôle du Curateur de l'arrondissement scolaire.

3) Le nombre des élèves est limité.

4) Un plan établi par le Ministre règle les études qui sont réparties en deux sections dont l'une comprend les sciences historico-philologiques et l'autre les sciences physico-mathématiques. La physiologie, les sciences naturelles et l'histologie seront rayées du programme, ces branches devant être enseignées à l'Institut de médecine pour femmes qu'on se propose de fonder prochainement.

5) Les élèves habiteront soit dans leurs familles ou chez des proches parents, soit dans un internat organisé pour la circonstance, mais il leur sera interdit de vivre dans des appartements particuliers.

Au cas où la Société qui entretient les Cours supérieurs pour femmes de St-Pétersbourg serait disposée à accepter ces conditions, le Ministre de l'instruction publique se déclarait prêt à proposer au Conseil des ministres d'autoriser provisoirement l'admission des élèves aux Cours.

S. M. l'Empereur a daigné approuver de sa propre main ce projet qui fut accepté à l'unanimité par l'assemblée générale de la Société. Le Comité de cette dernière fut chargé de présenter au Ministre de l'instruction publique un mémoire au sujet des Cours d'études supérieures pour femmes.

Enfin, un règlement provisoire de ces Cours fut définitivement établi et contresigné par le Ministre de l'instruction publique.

C'est dans ces nouvelles conditions que les Cours furent rouverts le 27 septembre 1889 avec 144 élèves de première année, dont 107 à la Faculté des lettres et 37 à celle des sciences physico-mathématiques.

Bien que les Cours ne conféraient aucun droit ni privilège, le nombre de leurs élèves augmentait d'année en année. Au bout de dix ans, il était de 960, comme le montre la table I. Le nombre d'élèves était limité, au début, à 400 dont 2 °/° d'auditrices libres, mais dès 1895, on le porta à 600. Cependant les demandes d'admission dépassaient de beaucoup ce dernier chiffre. Comme les candidates étaient non seulement pourvues de diplômes requis, mais avaient, pour la plupart, terminé leurs études secondaires avec des médailles et autres distinctions, le directeur des Cours et le Curateur de l'arrondissement scolaire de St-Pétersbourg demandèrent au Ministre de l'instruction publique l'autorisation d'augmenter le nombre des admissions, ce qui fut accordé.

Du 1er septembre 1889 au 1er septembre 1899, on reçut 2.051 élèves et on en refusa 1253, ce qui représente une proportion de 2 : 1. Pendant cette période décennale, 574 élèves ont pu terminer leurs études et 946 élèves ont dû les abandonner.

Le programme de l'enseignement et son application pratique se sont modifiés au fur et à mesure de l'augmentation du nombre d'élèves.

Actuellement les Cours d'études supérieures pour femmes de St-Pétersbourg sont l'unique établissement d'instruction féminine supérieure en Russie. Par leur caractère et par les méthodes d'enseignement, ils sont analogues aux Universités. Ces Cours comprennent deux sections, l'une pour les lettres, l'autre pour les sciences physico-mathématiques. Cette dernière se subdivise à son tour, à partir de la seconde année, en une sous-section de mathématiques et une sous-section de chimie.

Voici quelles sont actuellement les branches d'enseignement aux différentes sections et sous-sections des Cours :

SECTION HISTORICO-PHILOLOGIQUE

Théologie.

Sciences philosophiques : logique, histoire de la philosophie ancienne et moderne, histoire de la pédagogie, théorie de la méthode empirique.

Sciences historiques : histoire de Russie ; histoire de l'antiquité, du moyen âge et de l'époque moderne ; histoire des peuples slaves.

Histoire de la littérature : littératures latine, italienne, française, allemande et anglaise ; histoire de la littérature russe ancienne et moderne ; histoire de la littérature des peuples slaves.

Sciences philologiques : le russe et le slavon au point de vue de la linguistique comparée et leur développement historique ; le latin, certaines langues slaves (le serbe, le bulgare, le polonais le tchèque), le français et l'allemand.

SECTION PHYSICO-MATHÉMATIQUE

Théologie pour les deux sous-sections.

Sous-section mathématique :

Introduction à l'analyse.
Géométrie et trigonométrie.
Physique élémentaire et supérieure.
Chimie inorganique.
Théorie des déterminantes, géométrie analytique, calcul différentiel et calcul intégral.
Mécanique.
Géographie, mathématique et astronomie.
Application de l'analyse à la géométrie, algèbre supérieure, théorie des nombres, calcul des probabilités, calcul des variations, fonctions elliptiques.
Langues française, allemande et latine.
Chant choral.
(Le chant choral et le latin ne sont pas obligatoires).

Sous-section de chimie :

Zoologie et botanique.
Physique et chimie physique.
Chimie organique.
Cristallographie et minéralogie.
Géographie physique.

Chimie analytique.

Langues française, allemande et latine.

Chant choral.

(Le chant choral et le latin ne sont pas obligatoires).

Ce programme d'enseignement sera probablement encore augmenté d'étendue, car il est question de subdiviser la section historico-philologique en une sous-section historique et une sous-section philologique. D'après ce même projet, la section physico-mathématique comprendra trois sous-sections : sciences mathématiques, sciences naturelles et sciences agronomiques.

L'élargissement du programme d'enseignement a marché de pair avec l'agrandissement de la bibliothèque et des laboratoires de chimie, de zoologie, de botanique, de minéralogie, de physique et des ateliers consacrés aux arts.

Les laboratoires représentent actuellement une valeur de 50,000 roubles environ. La bibliothèque possède près de 10.000 ouvrages, soit 22.390 volumes et 1820 brochures, ce qui représente une valeur de 50.000 roubles.

Un petit observatoire astronomique, pourvu de tous les instruments indispensables pour les élèves, a été construit en 1895.

De même que les Universités pour hommes, les Cours d'études supérieures pour femmes jouissent du privilège de se procurer à l'étranger des livres, des manuscrits et des instruments sans subir la censure ni les frais de douane.

A la tête des Cours se trouve un directeur auquel, dès 1893, ont été adjoints deux aides, l'un pour la section des lettres, l'autre pour celle des sciences. Les fonctions de ces sous-directeurs correspondent à celles des doyens des Universités.

Le personnel enseignant se compose actuellement (1899-1900) de 47 professeurs, de 3 assistants, de 5 préparateurs et de 3 bibliothécaires. Les femmes figurent au nombre de 2 parmi les professeurs, de 1 parmi les assistants et de 4 parmi les préparateurs. Toutes ces dames ont terminé leurs études à l'institution même. Les trois bibliothécaires sont des femmes également.

La surveillance des élèves est confiée à une inspectrice à laquelle sont adjointes quatre aides.

D'après les nouveaux règlements, la Société protectrice des Cours joue un rôle moins important qu'auparavant, ma's ses devoirs vis-à-vis de l'institution restent les mêmes. La Société fournit le local et la majeure part'e des fonds nécessa'res. C'est au Comité qu'incombe la gestion financ'ère de l'entreprise et c'est également lui qui s'est chargé de l'organisation de l'internat, bien que cette tâche difficile ne lui fût pas imposée. On comprend que l'absence d'un internat aurait rendu l'instruction supérieure inaccess'ble à beaucoup de jeunes filles dont les parents habitent la province. C'est pourquoi le Comité déc'da de fournir les fonds nécessaires aux prem'ers frais d'ins'allation d'un internat à condition d'employer les bénéfices réalisés sur les pensionnaires à l'amort'ssement de cette dette.

Au début on louait des appartements pour les internes, ma's, comme le nombre de ces dern'ères augmentait rapidement, la Société songea à une maison m'eux appropriée à l'internat que les appartements loués en ville. Cette ma'son fut construite en 1895, à côté du bâtiment des Cours, sur un emplacement qui appartenait déjà à la Société. Elle a tro's étages avec 60 chambres, deux grandes salles, un salon de réception, un appartement destiné à l'inspectr'ce ; 85 élèves peuvent facilement y loger. La maison a coûté 160.000 roubles.

Deux ans plus tard, la Société a fait acquisition d'une autre maison pour 75.000 roubles ; 125 élèves peuvent actuellement habiter dans ces immeubles.

Le prix de la pension est de 300 roubles par an. Pour cette somme les internes sont logées, nourries, chauffées et blanchies. Comme nourriture elles ont, le matin, du thé ou du café, un plat à déjeuner et tro's plats à dîner. Le rég'me est à peu près le même que dans les familles de fortune moyenne Les élèves des deux dern'ères années ont des chambres séparées ; les élèves de prem'ère année ont une chambre pour deux. Le prix de la pension a été calculé de façon à couvrir e xactement les fra's. A deux reprises différentes depuis l'existence de l'internat, une partie des sommes payées par les élèves a pu leur être restituée à la fin de l'année. (Voir table III).

C'était une fois 20 roubles et une autre fois 35 roubles, par personne.

Une femme-médecin est attachée à l'établissement et la surveillance y est exercée par une inspectrice. Outre les internes, toutes les élèves des Cours ont le droit de prendre leurs repas dans l'internat moyennant une rétribution modique (30, 25 et même 16 kopeks par repas).

L'édifice primitif des Cours étant devenu insuffisant par suite de l'augmentation rapide du nombre des élèves et de l'élargissement des programmes d'enseignemnent, la Société se vit forcée de l'agrandir. En 1899 cette nouvelle construction était en grande partie terminée. Elle comprend une salle de fêtes spacieuse, pouvant contenir mille personnes, un vaste amphithéâtre pour 500 auditrices, deux autres amphitéâtres pour 200 personnes chacun, une grande bibliothèque, etc.

Le nouveau bâtiment, qui occupera une aire de 1640 sagènes carrées, reviendra à 175.000 roubles environ. Il sera terminé dès que la Société aura réuni les fonds nécessaires. On ne saurait douter de la réussite prochaine de cette entreprise, si l'on prend en considération que, durant les quinze dernières années de son existence, la Société a su acquérir quatre maisons dont la valeur totale est de 600.000 roubles. C'est grâce surtout aux donations de MM. Sibiriakov (70.000 roubles) et de Mme Vorontzova-Véliaminiva, née Vargounina, (50.000 roubles laissés par testament), ainsi qu'à l'affluence continuelle de petits dons ayant formé des sommes importantes, que pareils résultats ont pu être obtenus. Cet état de choses et le nombre toujours croissant de ses membres (on en compte actuellement plus de mille) permettent à la Société protectrice d'espérer que les moyens ne manqueront pas pour agrandir et améliorer encore davantage une œuvre née de l'initiative privée et qui a toujours trouvé un appui énergique au sein de la société russe.

TABLES

TABLE I
Nombre d'élèves des Cours, suivant les années

1878-79	1879-80	1880-81	1881-82	1882-83	1883-84	1884-85	1885-86	1886-87	1887-88	1888-89		1889-90	1890-91	1891-92	1892-93	1893-94	1894-95	1895-96	1896-97	1897-98	1898-99	1899-900
814	789	810	980	974	905	851	779')	527	201	140		144'')	186	278	385	468	557	695	741	808	960	839

') Plus d'admissions de nouvelles élèves. ") Les nouvelles élèves sont admises.

TABLE II
Revenus et dépenses de la Société protectrice des Cours de 1877 à 1899

REVENUS

Années	Subside du Ministère de l'Instruction publique. r.	Subside de la Municipalité de St-Pétersbourg. r.	Reçu des élèves. r.	k.	Cotisat. des membres, donations et autres bénéfices de la Société. r.	k.	Somme empruntée par le débiteur. r.	k.	Reçu en payement du capital dépensé pour l'organisation de l'internat. r.	k.	Total. r.	k.
1877—78	2,500	—	—	—	3,351	95	—	—	—	—	5,851	95
1878—79	—	—	31,998	—	7,931	31	—	—	—	—	39,979	31
1879—80	3,000	—	34,185	—	9,552	57	—	—	—	—	46,737	57
1880—81	3,000	—	35,560	—	14,056	90	—	—	—	—	53,216	90
1881—82	3,000	—	44,783	—	14,388	50	—	—	—	—	62,171	50
1882—83	3,000	3,000	41,233	—	13,229	81	—	—	—	—	60,462	81
1883—84	3,000	3,000	41,110	—	36,880	89	—	—	—	—	83,996	89
1884—85	3,000	3,000	38,515	—	43,816	26	40,000	—	—	—	128,361	26
1885—86	3,000	6,000	33,661	50	42,812	77	91,819	90	—	—	179,754	17
1886—87	3,000	3,000	21,613	—	17,767	85	—	—	—	—	40,380	85
1887—88	3,000	3,000	13,895	—	14,054	39	—	—	—	—	32,949	39
1888—89	3,000	2,000	6,606	—	12,710	52	—	—	—	—	21,316	52
1889—90	1,525	3,000	13,860	—	12,429	93	—	—	750	—	31,561	93
1890—91	3,000	3,000	17,250	—	12,661	55	—	—	904	66	36,816	21
1891—92	3,000	3,000	26,000	—	14,279	89	—	—	800	—	47,078	89
1892—93	3,000	3,000	36,450	—	15,573	85	—	—	800	—	58,823	38
1893—94	3,000	3,000	44,100	—	138,096	64	4,000	—	500	—	191,796	64
1894—95	3,000	3,000	50,480	—	16,984	14	—	—	772	27	73,461	14
1895—96	3,000	3,000	66,600	—	22,936	34	—	—	1,500	—	122,036	34
1896—97	3,000	3,000	66,750	—	32,965	60	82,600	—	1,500	—	189,815	60
1897—98	3,000	3,000	77,150	—	61,091	51	31,500	—	2,000	—	177,041	51
1898—99	3,000	3,000	80,150	—	24,672	90	—	—	1,500	—	112,322	90
Total...	61,035	53,000	821,979	50	588,032	61	278,249	90	11,026	93	1,807,343	94

DÉPENSES

Années	Entretien des Cours — Enseignement. r.	k.	Entretien des Cours — Loyer, etc. r.	k.	Construction des maisons. r.	k.	Payement des intérêts et amortissement des dettes. r.	k.	Frais de l'entretien de l'internat. r.	k.	Total. r.	k.
1877—78	—	—	—	—	—	—	—	—	—	—	—	—
1878—79	15,158	89	6,245	25	—	—	—	—	—	—	31,404	14
1879—80	27,756	19	14,004	46	—	—	—	—	—	—	41,769	65
1880—81	40,164	66	13,355	76	—	—	—	—	—	—	53,520	42
1881—82	35,385	34	14,063	79	—	—	—	—	—	—	49,419	13
1882—83	37,084	30	19,391	55	—	—	—	—	—	—	56,475	85
1883—84	38,233	82	19,509	42	44,324	73	—	—	—	—	102,067	97
1884—85	38,912	7	17,049	85	83,683	83	—	—	—	—	139,615	75
1885—86	42,723	3	15,973	43	96,485	30	19,056	82	—	—	174,238	58
1886—87	28,757	59	12,479	1	4,958	35	6,164	—	—	—	52,358	95
1887—88	19,116	97	8,920	6	60	30	6,006	36	—	—	34,103	69
1888—89	11,272	25	7,033	8	—	—	5,913	86	—	—	24,819	19
1889—90	12,336	4	7,807	87	—	—	5,923	50	2,790	6	28,446	47
1890—91	22,814	8	8,176	6	—	—	5,702	61	772	5	37,964	80
1891—92	29,904	91	9,119	48	—	—	5,692	—	494	40	45,210	79
1892—93	37,030	92	8,477	72	—	—	5,702	60	—	—	51,247	24
1893—94	38,627	78	10,894	3	28,000	—	81,289	67	1,223	47	163,634	95
1894—95	42,889	56	11,517	06	50,295	42	8,492	—	—	—	113,194	4
1895—96	55,594	76	21,987	28	35,600	—	4,492	—	6,224	11	123,988	15
1896—97	65,715	90	18,243	34	80,244	—	4,492	—	2,983	19	172,678	34
1897—98	61,786	13	19,134	64	23,000	83	9,885	03	3,552	63	117,308	43
1898—99	64,338	23	21,048	36	65,984	81	10,544	05	2,581	91	164,500	38
Total...	795,589	42	285,121	50	513,326	57	182,356	50	21,024	92	1,768,018	91

TABLE III

Revenus et frais de l'internat de 1889 à 1899

Années	Nombre des internes		Bénéfices 1)		Loyer		Frais de pension		Domestiques		Blanchissage		Eclairage		Réparations et nouvelles acquisitions		Soins médicaux		Menues dépenses		Frais imprévus		Amortissement de la dette		Total		Sommes restées en caisse et inscrites à l'actif de l'année suiv.	
	I sem.	II sem.	r.	k.	r.	k.	r.	k.	r.	k.	r.	k.	r.	k.	r.	k.	r.	k.	r.	k.	r.	k.	r.	k.	r.	k.	k.	k.
1889—90	41	28	10,050	—	3,724	59	3,291	6	787	50	383	70	182	24	6	80	—	—	86	62	110	54	750	—	9,323	5	726	95
1890—91	45	29	11,313	21	4,985	68	4,431	87	781	57	528	82	236	64	56	57	—	—	93	64	31	71	904	66	12,040	16	—	—
1891—92	54	35	13,203	43	4,313	35	5,617	81	758	—	734	56	266	5	184	60	—	—	103	65	70	5	800	—	12,848	7	355	36
1892—93	47	46	14,243	15	3,920	27	6,243	73	942	—	759	60	289	—	592	81	250	87	106	65	97	8	800	—	14,002	10	596	41
1893—94	67	61	19,161	28	5,625	34	9,373	79	1,201	—	600	74	415	62	282	22	242	63	190	74	—	—	500	—	18,462	8	1,295	61
1894—95	59	55	17,190	—	4,422	40	7,959	41	1,181	20	621	75	429	44	698	46	240	32	168	8	65	99	1772	27	16,560	32	1,925	29
1895—96	126	124	33,275	—	9,482	13	14,372	01	1,314	—	941	17	908	85	258	14	348	83	278	82	2,530 2)	—	1500	—	31,933	95	3,330	17
1896—97	165	153	42,980	—	15,240	70	19,590	27	1,782	20	1,346	12	1,228	33	1,333	56	451	27	457	33	—	—	2500	—	42,938	78	3,423	94
1897—98	196	165	49,175	—	17,674	33	24,165	15	1,800	40	1,599	53	1,495	90	1,114	13	383	70	661	10	—	—	1000	—	50,893	94	1,810	49
1898—99	201	167	57,352	50	21,588	04	23,986	53	1,380	50	1,506	—	1,460	35	994	55	429	77	610	87	3,528 3)	—	500	—	57,014	58	2,374	77

1) En plus des payements pour frais d'internat, on a compté dans cette rubrique les bénéfices provenant du buffet pour externes. A la table des internes prennent aussi leur repas des élèves externes dont le nombre s'accroît d'année en années. C'est ainsi que la somme perçue pour la pension de ces externes n'a été que de 148 roubles 85 kopeks en 1889-90, tandis qu'elle a atteint 4904 roubles en 1898-99.

2) 2430 roubles ont été restitués par les élèves à la fin de l'année.

3) 3528 roubles ont été restitués par les élèves à la fin de l'année.

TABLE IV

Bilan de la Société protectrice des Cours.

ACTIF

PASSIF

BIENS MOBILIERS ET IMMEUBLES	Au 1er janvier 1900	DETTES	Au 1er janvier 1900
	roubles		roubles
1) Capital en papiers de valeurs et en espèces.	56,660	1) Dette à la Société de crédit de St-Pétersbourg pour le bâtiment des Cours et pour la maison de l'internat..............	252,330
2) Biens mobiliers des Cours..............	150,000	1) Dette à Mlle Tsébrikova..............	5,000
3) Biens mobiliers de l'internat..............	16,330		
4) Le bâtiment des Cours (avec l'emplacement) n° 33	229,510	Total..............	257,330
5) Le bâtiment de l'internat n° 35	116,000		
6) La maison n° 31,..............	80,000	Défalcation faite des dettes, le capital social de la Société était de...	566,170
7) La nouvelle maison	175.000		
Total..............	823,500	Total..............	823,500

LES SATUTS DE LA SOCIÉTÉ PROTECTRICE DES COURS D'ÉTUDES SUPÉRIEURES POUR FEMMES

I. — *But de la Société.*

§ 1. — La Société a pour but de procurer des moyens pécuniaires aux Cours d'études supérieures pour femmes, fondés à St-Pétersbourg par M. le professeur Bestougev-Rumine.

§ 2. — La Société vient en aide à ces Cours suivant les ressources dont elle dispose.

II. — *Composition et moyens de la Société.*

§ 3. — La Société est composée de membres des deux sexes en nombre illimité.

§ 4. — Elle comprend des membres honoraires, élus comme tels en raison de leurs donations considérables ou des services importants qu'ils ont rendus, et des membres actifs, payant une cotisation annuelle ou qui versent en une fois une certaine somme d'argent.

Nota. — La cotisation des membres actifs est de 5 roubles par an ou de 100 roubles payables en une fois.

§ 5. — Les membres fondateurs de la Société deviennent membres actifs après la promulgation des statuts.

§ 6. — Les membres honoraires et actifs sont élus par l'assemblée générale, le vote étant secret.

§ 7. — Les moyens auxquels la Société a recours pour se procurer les ressources pécunières dont elle a besoin sont : a) les cotisations annuelles des membres actifs ; b) les donations et c) les concerts, spectacles, fêtes, etc. organisés au profit de la Société.

§ 8. — Une part est prélevée sur les revenus annuels de la Société pour former un capital de réserve qui ne peut être dépensé que sur une autorisation de l'assemblée générale.

III. — *Administration de la Société.*

§ 9. — Les statuts une fois promulgués, c'est l'assemblée des membres fondateurs qui est chargée de prendre les premières mesures concernant les actes de la Société. Dans la suite les affaires de la Société seront gérées, a) par un Comité élu à cet effet et b) par l'assemblée générale des membres.

A. — *Le Comité.*

§ 10. — Le Comité est composé de 12 membres, élus une première fois par les fondateurs et, plus tard par l'assemblée générale.

Nota. — Le Comité a le droit d'inviter à ses séances des membres de la Société et même des personnes étrangères qui prennent part aux débats à titre consultatif.

§. 11. — Un tiers des membres du Comité doit être renouvelé durant les deux premières années de l'existence de la Société. Les noms des membres sortants sont tirés au sort. Dans la suite un tiers des membres du Comité doit être renouvelé tous les trois ans. Les membres sortants peuvent être réélus.

Nota. — En plus des 12 membres du Comité, l'assemblée générale nomme trois candidats pour le remplacement des membres sortant avant terme.

§ 12. — Chaque année les membres du Comité élisent dans leur sein un président, un vice-président, un trésorier et un secrétaire.

§ 13. — Le Comité se réunit, sur l'invitation du président, deux fois par mois au moins.

§ 14. — Les séances du Comité ne sont valables que lorsque

sont présents au moins six de ses membres y compris le président ou le vice président.

§ 15. — Les décisions sont prises à la simple majorité des membres présents. Elles sont inscrites dans les comptes-rendus des séances et sont contresignées par les membres. Lorsque les votes sont également partagés, c'est la voix du président qui décide.

§ 16. — Le Comité a pour mission : 1° de faire aux assemblées générales les propositions relatives au montant des subventions à accorder aux Cours ; 2° de gérer les affaires financières des Cours ; 3° de convoquer les assemblées générales pour leur soumettre les questions dépassant la compétence du Comité ; 4° de veiller à l'augmentation des fonds de la Société et de tous ses moyens d'action, et 5° de présenter à l'assemblée générale les comptes-rendus des années écoulées, ainsi qu'un budget pour l'année prochaine.

§ 17. — Le président fixe les dates des séances du Comité et surveille les affaires courantes. Il signe tous les papiers sortants, qui, ensuite, sont contresignés par le secrétaire.

§ 18. — Le secrétaire reçoit les cotisations et il effectue les payements sur l'ordre du président et conformément aux décisions du Comité qui sont enregistrées dans les comptes-rendus des séances. La comptabilité est à la charge du trésorier qui présente aussi des rapports annuels sur l'état des finances. Tous les membres du Comité sont, de même que le trésorier, responsables de la fortune de la Société.

Nota. — Le trésorier reçoit des livres de comptabilité munis du sceau de la Société, signés par le président et contresignés par le secrétaire.

§ 19. — De toutes les sommes perçues, la Société n'encaisse que ce qui est nécessaire pour frais de correspondance ; le reste est déposé à la banque sous forme de papiers de valeurs, d'actions ou d'obligations garanties par l'état, ou bien en compte courant. Les livrets de chèques se trouvent entre les mains du président. Les payements sont effectués au moyen de chèques signés par le président et par le secrétaire.

§ 20. — Tous les membres de la Société peuvent faire au Comité des propositions par écrit, concernant les améliorations et les modifications à apporter dans les actes de la Société.

§ 21. — Le Comité adopte les propositions qu'il trouve utiles, si elles sont de sa compétence ; au cas contraire, il les soumet à l'assemblée générale. Le membre dont la proposition n'a pas été acceptée par le Comité peut la présenter lui-même à l'assemblée générale.

B. — *Les Assemblées générales.*

§ 22. — Les assemblées générales sont ordinaires et extraordinaires. Les premières sont convoquées au commencement de l'année scolaire, dans le courant du mois de septembre. Quant aux assemblées extraordinaires, elles se réunissent à la suite d'une décision du Comité ou bien lorsque au moins vingt membres de la Société en font la demande.

Nota. Le préfet de police est informé cinq jours d'avance de la date et du lieu de la réunion.

§ 23. — Tous les membres de la Société assistent à l'assemblée générale avec droit de vote. On élit chaque fois un président de la séance, lequel ne peut être membre du Comité.

§ 24. — L'assemblée générale a pour fonction :

a). L'admission de nouveaux membres et l'élection des membres du Comité, ainsi que des candidats ; b) l'examen des propositions du Comité et des membres ; c) la réglementation de la comptabilité ; d) l'examen des rapports du Comité et de ses propositions relatives aux sommes allouées annuellement à l'entretien des Cours et l'examen de toutes les questions dépassant la compétence du Comité.

§ 25. — Les décisions de l'assemblée générale sont prises à la simple majorité des voix, sauf pour ce qui concerne les modifications à introduire dans les statuts ou la liquidation de la Société. Dans ces deux derniers cas, les décisions ne peuvent être prises que si deux tiers au moins des membres sont présents à la majorité des deux tiers des voix.

§ 26. — L'assemblée générale nomme une commission composée de 5 membres pour la vérification du rapport annuel du

Comité, des dépenses et de l'état des finances et des biens de la Société.

§ 27. — Les comptes-rendus de la Société, après avoir été examinés et approuvés par l'assemblée générale, peuvent être publiés dans le « Messager du Gouvernement » et sont présentés au Ministre de l'intérieur par l'intermédiaire du préfet de police.

Nota. — Une fois imprimés, les statuts doivent être déposés en trois exemplaires au Ministère.

§ 28. — Aucun changement ne peut être fait dans les statuts sans l'autorisation du gouvernement.

Droits de la Société.

§ 29. — La Société a le droit de posséder des biens mobiliers et immobiliers et d'en faire l'acquisition par tous les moyens légaux.

§ 30. — La Société est munie d'un sceau.

Liquidation de la Société.

§ 31. — Lorsque, pour une raison quelconque, la Société jugera nécessaire de suspendre son activité, son capital et ses biens seront employés intégralement et sur une décision de l'Assemblée générale au profit d'une œuvre conforme au but de la Société. Le Ministre de l'intérieur sera avisé de cette décision par l'intermédiaire du préfet de police.

RÈGLEMENT

relatif à l'admission des élèves aux Cours d'études supérieures pour femmes de St-Pétersbourg

Conformément à une décision du Conseil des Ministres du 25 juin 1899, approuvée par S. M. l'Empereur, le Ministre de l'instruction publique a établi, le 3 juillet de la même année, un règlement provisoire des Cours d'études supérieures pour femmes à St-Pétersbourg.

D'après ce règlement les Cours comprennent deux sections : la section des sciences historico-philologiques et celle des sciences physico-mathématiques.

Voici les branches qui y sont enseignées :

Section historico-philologique.

Théologie.

Psychologie, logique, histoire de la philosophie.

Pédagogie.

Langue russe ; histoire de la littérature russe ancienne et moderne.

Langues et littératures slaves.

Littérature universelle ; histoire des littératures italienne, française, allemande et anglaise dans leurs rapports avec la littérature russe.

Histoire de Russie.

Aperçu de l'histoire des peuples slaves.

Histoire universelle : antiquité, moyen âge, époque moderne.

Histoire de l'art.

Littérature latine et langue latine.
Langues allemande et française.
Chant choral.

Section physico-mathématique.

Théologie.
Cours général de mathématiques.
Géométrie analytique.
Analyse algébrique.
Calcul différentiel et intégral.
Astronomie.
Physique.
Chimie inorganique, organique et analytique.
Géographie physique.
Mécanique analytique.
Botanique, zoologie.
Cristallographie, minéralogie.
Langue latine (facultative).
Langues allemande et française.
Chant choral.

Ces cours sont l'équivalent de ceux des Universités pour hommes.

L'admission des élèves n'a lieu que pour la première année scolaire.

Les élèves qui ne sont pas de religion chrétienne sont admis dans la proportion de 3 % du nombre total des auditrices.

Les Cours possèdent un internat.

Les élèves de première année ne peuvent habiter ailleurs qu'à l'internat ou dans leurs familles.

Pour devenir élève régulière des Cours, il faut adresser une demande sur papier non timbré au directeur de l'établissement et produire en même temps les pièces suivantes : des papiers indiquant l'état du père de la postulante (actes de service, titres de noblesse, etc.), un acte de naissance et de baptême, un certificat de fin d'études secondaires dans un établissement dépendant du Ministère de l'instruction publique ou faisant partic des institutions de l'Impératrice Marie ou enfin dans une école conférant les mêmes droits que les établissements précités ; un certificat de bonnes mœurs au cas où la demande n'est pas faite l'année même dans laquelle la postulante a terminé ses études secondaires ; un *curriculum vitae ;* une autorisation par écrit des parents ou des tuteurs ; un certificat attestant que la candidate possède les moyens suffisants pour vivre convenablement pendant toute la durée de ses études et, enfin, deux photographies de la postulante avec signatures:

Dans sa demande la postulante aura soin de mentionner la section des Cours, à laquelle elle désire s'inscrire, de donner son adresse et d'indiquer si elle a l'intention d'habiter dans l'internat ou bien dans sa propre famille.

Les élèves sont reçues sans subir d'examen d'entrée, mais, comme les demandes d'admission sont très nombreuses, la préférence est donnée à celles des candidates qui ont terminé leurs études secondaires avec distinctions et récompenses.

Les auditrices libres, dont le nombre ne peut dépasser 2 % du total des élèves, ne sont admises que sur une autorisation spéciale du Curateur de l'arrondissement scolaire. En outre, ces auditrices libres doivent être de Saint-Pétersbourg même et habiter dans leurs familles ou bien appartenir au corps enseignant.

Les auditrices libres sont tenues de présenter les mêmes documents que les élèves régulières.

Les demandes d'admission doivent être adressées au directeur, avant le 1ᵉʳ août, à Vassily Ostrov, 10ᵉ ligne, n° 33.

Les certificats de bonnes mœurs sont délivrés aux habitantes de Saint-Pétersbourg — par le préfet de police et aux personnes venant de la province — par les gouverneurs locaux.

Il n'est pas donné suite aux demandes non accompagnées des documents ci-dessus mentionnés.

Pour éviter des pertes de temps et des déplacements inutiles, les personnes qui habitent la province peuvent envoyer par la poste leurs demandes avec les documents nécessaires en y adjoignant des timbres pour la réponse. Cette dernière leur est faite par écrit.

Les élèves qui sont reçues doivent se présenter aux Cours pour le commencement des études, c'est-à-dire le 1er septembre. Au cas contraire, elles sont exclues de l'institution.

Chaque élève, une fois qu'elle est reçue, est tenue de verser, au 1er septembre, la somme de 50 roubles, qui représente la moitié des frais d'études. Les internes versent, en plus et à la même époque, 200 roubles pour frais de leur internat. Un second payement est fait en janvier; il est de 50 roubles pour droits d'études et de 100 roubles pour frais d'internat. Aucun délai n'est toléré pour ces payements.

Tout semestre commencé est dû : les sommes une fois versées, ne sont pas rendues si l'élève ne termine pas son semestre d'études.

Moyennant 300 roubles l'élève interne est logée, nourrie et blanchie pendant toute la durée de l'année scolaire.

Les élèves régulières, aussi bien que les auditrices libres, doivent se soumettre à tout ce qui concerne le réglement.

Les personnes désireuses de se procurer des renseignements plus complets sur la Société de protection des Cours d'études supérieures pour femmes peuvent s'adreser au Comité de la Société, dont voici la composition :

Présidente.
Mme H. J. Likhatchéva (Fourchtadskaïa, 56).

Vice-présidente.
M. P. A. Korsakov (Perspective Liteiny 24).

Trésorière.
Mme V. P. Tarnovskaïa (Nadéjdlinskaïa 39).

Secrétaire.
Mme A. R. Veronina (Vassily Ostrov, 9e ligne, 2).

Membres du Comité.
Mme la baronne V. Z. Ixkul von Gildenband (Kirotchnaïa, 18).
Mme O. K. Netchaéva (Nevsky 5).
Mme A. P. Filossofova (Fontanka, 24).
M. J. M. Greaves (Kamennoostovsky prospect, 24).
Mme S. A. Karéiéva (Vassily Ostrov, 10 ligne, 9).

M. S. F. d'Oldenbourg (Vassily Ostrov, 2 ligne, 12).
Mme E. P. Soultanova (Zabalkansky péréoulok, 29).

Candidats au titre de membres.

Mme Eu. J. Korsakova (Liteiny, 24).
M. A. B. Vrassky (Liteiny, 26).
Ctsse S. V. Panina (Karavannaia, 4).
Les bureaux du Comité se trouvent dans la maison même des
Cours d'études supérieures pour femmes de St. Pétersbourg:
Vassily Ostrov, 10e ligne, 33.

SOCIÉTÉ DES ANCIENNES ÉLÈVES

des Cours d'études supérieures pour femmes de St-Pétersbourg.

La Société a pour but d'entretenir des liens de solidarité entre les dames ayant terminé à diverses époques leurs études aux Cours supérieurs de St-Pétersbourg et de venir en aide à ceux de ses membres qui se trouvent dans une position gênée.

Fondée en 1893 par un petit groupe de personnes appartenant pour la plupart à la première promotion des Cours, la Société compte actuellement 435 membres dont 285 à St-Péterbourg et 150 en province. Il y a des membres honoraires, effectifs (ne sont admises comme telles que les anciennes élèves des Cours) et adhérents.

La direction de la Société est confiée à un Conseil de 12 membres, nommés pour 3 ans par l'assemblée générale et élus parmi les membres effectifs de la Société. Le nombre des Sociétaires s'est sensiblement accru après que la Société eût fondé, en 1895, une commission spéciale d'édition d'ouvrages scientifiques et littéraires et lorsque, en 1897, elle organisa encore un bureau chargé de procurer des occupations à ses membres. Au cours de six années, 345 personnes se sont inscrites pour obtenir une place ou du travail ; 502 places furent offertes et 140 places furent occupées.

La commission chargée des publications a édité trois mémoires rédigés par des Sociétaires : « La famille Bronte » par O. Peterson, « Hélène Ioannovna » par E. Tsérételi et « Marguerite d'Angoulême » par A. Petrounkévitch.

Les fonds de la Société proviennent surtout des cotisations des membres (6580 roubles) et des bénéfices réalisés au moyen

de conférences publiques (3258 roubles), faites par des professeurs des Cours ou d'autres personnes. En l'espace de six
années, le revenu total de la Société a été de 14.439 roubles. On
a pu de la sorte venir en aide à 110 personnes pour une somme
de 7910 roubles, dont 820 ont été restitués à la Caisse de la
Société. C'étaient là les frais les plus importants et les plus considérables. Les autres dépenses se trouvaient couvertes par les
revenus qu'elles procuraient dans la suite, comme c'était le cas
pour les frais d'édition (1566 roubles), l'organisation de l'enseignement des langues étrangères et les réunions mensuelles des
membres de la Société, etc. La somme totale des dépenses pendant six années, a été de 11.061 roubles. Il y a actuellement en
caisse 3.378 roubles, dont 1737 de capital de réserve et 1640
roubles 86 kopeks de capital de fond. Le travail en commun des
Sociétaires entretient les relations personnelles et par correspondance entre les anciennes élèves des différentes promotions.
La Société a publié dès la première année de son existence un
almanach contenant des renseignements sur la profession les
conditions de vie et le lieu de résidence des anciennes élèves
des Cours ayant terminé leurs étu les pendant les périodes de
temps de 1882-1889 et 1893-1894.

Une nouvelle édition, revue et complétée, de cet almanach a
paru en 1896, et, en 1897, on a édité encore un supplément avec
table statistique et index bibliographique des travaux.

I Conseil continue d'une façon permanente son enquête sur
l'activité scientifique et littéraire des anciennes élèves.

LE CONSEIL

De la Société des anciennes élèves des Cours d'études supérieures pour femmes de St-Pétersbourg:

Présidente : Mmes N. A. Vétvénitzkaia (Serguiévskaia, 16).
Vice-présidente : — S. P. Lygina (Petite Morskaia, 6).
Trésorière : — L. I. Ditterichs (Basseinaia, 39).
Secrétaire : — N. A. Koloubovskaia (Troitzkaia, 11 h).

Membres du Conseil.

Mmes E. V. Balobanova (Torgovaia, 25).
— M. V. Velitchko (Ligovskaia, 10).
— O. M. Peterson (Torgovaia, 25).
— N. N. Platonova (Nikolskaia, 25).

Candidates au titre de membre.

Mmes E. I. Maximova (Vassily Ostrov, 2⁹ ligne, 15).
— B. G. Nikolskaia (Troitzkaia, 3).
— O. M. von Vogt (Panteleimonovshaia, 11).
— T. A. Bogdanovitch (Panteleimonovskaia, 27).

SOCIÉTÉ DE SECOURS

aux élèves des Cours d'études supérieures pour femmes à Saint-Pétersbourg.

Le besoin de venir en aide d'une façon méthodique aux élèves nécessiteuses des Cours, a été la cause de la fondation de la présente Société, qui a commencé son activité le 22 février 1898.

Cette Société fournit aux élèves, sous forme de prêts ou de subsides, des sommes destinées surtout au payement des frais d'études. Des secours ont été distribués au nombre de 98 à 82 élèves pour la somme de 4238 roubles. Les prêts ont été faits le plus souvent à des élèves de dernières années.

En outre, on a payé durant quinze mois scolaires la somme de 1890 roubles pour les repas pris par 102 élèves au réfectoire des Cours.

Enfin la Société s'est occupée de l'organisation d'appartements à bon marché pour élèves et elle en entretient actuellement deux dans lesquelles habitent 9 ne payant que 2 roubles 50 kopecks, le reste étant à la charge de la Société.

Les dépenses de la Société ont été de 6449 roubles. Les revenus (cotisation des membres et dons) se sont montés à 7576 roubles. Il reste donc en caisse 1126 roubles.

La direction de la Société est confiée à un Comité dont les membres sont nommés pour trois ans. La cotisation des sociétaires est de 5 roubles par an ou de 100 roubles payables en une seule fois.

LE COMITÉ DIRECTEUR

Présidente :   Mme V. P. Tarnovskaia (Bassoinaia, 39).

Vice-président : M. N. P. Raiev (Vassily Ostrov, 12ᵉ ligne, 23).

Trésorière :   Mme N. A. Vétvénitzkaia (Serguiévskaia, 16).

Secrétaire :   Mme la b-ne M. V. Noldc (Vladimirskaia, 5).

Membres :   M. A. I. Vvedensky (Vassily Ostrov, 9ᵉ ligne, 46).

Mmes N. M. Zamiatina (Vassily Ostrov, 10ᵉ ligne, 31).

— E. I. Maximova (Vassily Ostrov, 2ᵉ ligne, 15).

— S. A. Moskaléva (Vassily Ostrov, 10ᵉ ligne, 35).

— O. K. Nétchaiéva (Névsky, 5).

M. S. F. D'Oldenbourg (Vassily Ostrov, 4ᵘ ligne, 31).

M V. I. Schiff (Zabalkansky, 17).

M. G. V. Forsten (Nadejdinskaia, 19).

INDEX BIBLIOGRAPHIQUE (1).

1. **Balabanova (C)**. — Bibliothécaire des Cours depuis 1893.
1re promotion de 1882. Section historico-philologique.
— Les récits celtes (en russe) (Journ. Minist. Narodn.
Prosv., 1889, n° 12.
— Note sur l'architecture et sur l'ornementation celtes
(en russe) (Vestnik Isiaschnikh Iskousstv, édité par
l'Académie des beaux-arts de Saint-Pétersbourg, 1890
V. VIII, 6, 5).
— L'Ossian, Etudes, traductions et notes (en russe). (Saint-
Pétersbourg, 1891. Edition du Panthéon de la Littéra-
ture).
— Ossian, an introductoty essay. (Highl. S-ty Collect. of
irish tales, 1892).
— Etude sur le cycle des récits. ossianiques (en russe)
Journ. Minist. Narodn. Prosw., 1893, n. 9).
— Les légendes relatives aux antiques châteaux de la
Bretagne, recueillies sur place (en russe). (Saint-Pé-
tersbourg, 1896 et 1879).
— L'épopée occidentale et le roman au moyen-âge (en
russe) (Saint-Pétersbourg, 1896-1890).
— Légendes rhénanes (en russe) (Saint-Pétersbourg, 1897).
— Olympia Morala, Esquisse biographique (en russe).
(Recueil « W. Dobry Tchas », Saint-Pétersbourg, 1895).
— Congrès de l'instruction féminine à Heidelberg (en
russe). (Jenskoié Obrazovanié, 1891, n° 3).
— Les associations nationales pour la réforme de l'ensei-
gnement secondaire en France (en russe) (Ibid., n° 5).

1. Les travaux purement littéraires, les traductions, les adaptations,
etc.. ne sont pas compris dans cette liste.

— La nouvelle loi sur l'instruction secondaire en France et l'institut de l'enseignement libre (en russe). (Ibid., N° 6).

— La nouvelle école en Allemagne (en russe). (Ibid., N. 11).

— Les écoles en Suisse et en Hongrie (en russe). Obrazovanié, 1892, NN. 2 et 3).

— La lutte du clergé catholique et des pouvoirs publics pour l'école populaire en Autriche (en russe. (Ibid., N 4).

2. **Bogoslovskaia (N.).** — Ex-assistant pour la chimie au Cours de St-Pétersbourg en 1895-1896. 10° promotion de 1894. Section historico-philologique.

— De l'action du triméthylène sur le benzol en présence du chlorure d'albumine (en russe). (Journ. roussk. physico-Chim. obsch. v. XXVI, 1894).

3. **Beaudoin de Courtenais (R., née Bagnitzkaia).** — 1° promotion. Section historico-philologique.

— Mémoires d'un pharmacien de Lvov sur les événements de 1606 à Moscou (en russe). Journ. Minist. Narodn. Prosv., 1895, N 5).

4. **Borchenius (C., née Miropolskaia).** — 4° promotion de 1885. Section historico-philologique.

— Les représentants du roman réaliste en France au XVII° siècle (en russe) (St-Pétersb., 1889).

5. **Bronskaia (M.).** — 9° promotion. Section physico-mathématique.

— Les positions des étoiles de h et x Persei et de leurs environs (Mémoires de l'Académie Impériale des sciences, VIII° série, classe physico-mathématique, v. II, N 7, 1895). (Voir Stebnitzkaia, N. 25).

6. **Boulatova (H.).** — Ex-chef des travaux pratiques de chimie au cours en 1895-1896. 9° promotion de 1893. Section physico-mathématique.

— Ueber die Bildung von Ketspentamethylen aus Viniltrimethylenbromid (Journ. v. prakt. Chemie. B. 56, 1897).

7. **Vengerova (Z.).** — 6° promotion de 1887. Section historico-philologique.

—   Esquisses littéraires : 1) Le mouvement préraphaélite.
2) D. G. Rosetti. 3) Meredith. 4) O. Wyld. 5) W. Morris. 6) Browning. 7) Black. 8) Les poètes symbolistes
français. 9) P. Verlaine. 10) K. J. Huysmans. 11) G.
Hauptmann. 12) Ibsen. 13) Influence du Dante sur les
écrivains contemporains. 14) François d'Assises et 15)
Botticelli (en russe). (Véstnik Evropy, Obrazovanié et
Severny Vestnik, 1892–1896).

8. **Glébova (B.).** — 8ᵉ promotion de 1889. Section historico-
philologique.

—   Michel de Montaigne. Traduit en russe avec une biographie de l'auteur. (Panthéon de la Litt. 1892, N 9 et
1894, NN 1 et 3.

9. **Gourevitch (L.).** — 7ᵉ promotion de 1888. Section historico-philologique.

—   Les lettres de Spinosa. Traduit du latin en russe, avec
notes (St-Pétersbourg, 1889).

10. **Gilova (M.).** — 10ᵉ promotion de 1894. Section physico-
mathématique.

—   Grœssenbestimmung der Sterne im Sternhaufen 20
Vulpeculae. (Bull. de l'Acad. Imp. des Sciences de St-
Pétersb., Vᵉ série, t. II, N 3, 1895).

Kaufman (L., née Soloveitchik). — 11ᵉ promotion de 1895.
Section physico-mathématique.

—   De l'influence exercée par les sels sur la rapidité de la
bromuration des substances hydrocarbonées aromatiques (en russe). Journ. Roussk. Physico-chim. Obsch.
v. XXX).

12. **Kojevnikova (M., née Rossiiskaia).** — Ex-assistant de
zoologie, aux cours 2ᵉ promotion de 1883. Section
physico-mathématique.

—   Développement de l'Orchestia littorea Sp. B. (Bull. de
la Soc. Imp. des Natur. de Moscou, 1888, nᵒ 4).

—   Développement de la Sunamphitetoe valida Cz. et de
l'Amphitoe picta Rthk. (Ibid., 1890, nᵒ 1).

—   Sur la formation des organes génitaux chez les Amphipodes (Zool. Anz., 1893, nᵒ 411).

— Les organes embryonnaires de Sphaeroma serratum Fabr. (Zool. Anz., 1895, n° 473).

— Etude sur le développement embryonnaire du Gammarus pulex. (Bull. de la Soc. imp. des Natur. de Moscou, 1896, n° 1).

— A pris part à la rédaction des comptes-rendus sur la littérature zoologique russe, publiés dans les Izvest. Imper. Obsch. Lubit. Estestvozn., Anthrop. i Ethnograph., v. 82. Moscou, 1893).

13. **Maximova (Eu.).** — 9° promotion de 1893. Section physico-mathématique.

— Détermination des grandeurs des étoiles de l'amas stellaire Persei. (Bull. de l'Acad. Imper. des Sciences de St.-Pétersbourg, v. VII, fasc. 3, 1894.

— Ephéméride de la planète (209) Didon, 1895, 6 août,

— 5 et 11 septembre (Ibid., V° série, v. II, n° 3, 1895).

14. **Maximova (C., née Senskaia).** — Ex-chef des travaux pratiques de psychologie et de logique aux cours. 9° promotion de 1893. Section historico-philologique.

— A collaboré au Dictionnaire Encyclopédique pour les questions de philosophie.

15. **Peterson (O.).** — 1re promotion de 1882. Section historico-philologique.

— De l'enseignement de la langue maternelle et des langues étrangères (en russe). (Pédagog. Sbornik, 1890, N 12).

— La nouvelle école en Allemagne (en russe) (Jensk. Obrazov., 1891, N 2).

— Une nouvelle réforme en Suède (en russe) (Ibid., N 4).

— La réforme de l'instruction secondaire spéciale en France (en russe) (Ibid., N 10).

— Aperçu sur les nouveaux courants en pédagogie dans l'Europe occidentale (en russe) (Ibid., 1892, NN 1 et 7).

— La Société de pédagogie scientifique de Herbart-Zeller (en russe) (Ibid., NN 10 et 11).

— L'épopée occidentale et le roman au moyen-âge. Adaptations et traductions abrégées (en russe) (St-Pétersb. 1893-1900, 3 v.).

16. **Pétrounkévitch (A.).** — 12e promotion de 1896. Section historico-philologique.
— Marguerite d'Angoulême et son temps (en russe) (St-Pétersb. 1899).

17. **Platonova (N., née Chamonina).** — 4e promotion de 1885. Section historico-philologique.
— La rhétorique d'Aristote. Traduction du grec (en russe). (St-Pétersb., 1894).

18. **Fogogéva (L.).** — 2e promotion de 1883. Section phisico-mathématique.
— Ueber die Nerven in den Enden des Musculus Sartorius. (Mélanges biologiques du Bull. de l'Acad. Imp. des Sciences de St-Pétersb., v. XII).
— Ueber die feinere Structur des Geruchsorganes des Neuauges. (Arch. f. mikroskop. Anat., B. XXX).
— , Les cellules nerveuses de la pince et du cœur de l'écrevisse (en russe) (Vestnik Estestvozn., 1 1890, N 5).

19. **Popova (V. née Bogdanovskaia).** — Docteur ès-sciences de l'Université de Genève, fut chargée de l'enseignement de la chimie aux Cours pendant les années 1891-1895. 6me promotion de 1887. Section physico-mathématique.
— Du dibenzylcarbinol (en russe) (Journ. Roussk. Chim. Obsch., v. XXIII (1) 151, 1891).
— Du dibenzylphénolméthane (en russe) (Ibid (1), 158).
— De l'action des solutions alcalines faibles sur les kétones (en russe) (Ibid. (1) 253, 1892).
— La réaction de la condensation et de la reproduction de la dibenzylkétone (en russe) (Ibid. (1) 355).
— De l'oxydation des kétones et de leur transformation en oxy-acides en présence d'un alcali caustique dilué (en russe) (Ibid., V. XXVI, 1894 (1) 161).
— Recherches sur la Dibenzylkétone. (Thèse de doctorat de Genève, 1892).
— Ueber Dibenzylketon und Dibenzylcarbinol 1271 a.

(Berichte d. Deutsch. Chem. Gesellsch., XXV, 1892).

20. **Popper (O.)**. — Ex-assistant pour la chaire de chimie au Cours en 1897-1899. 12me promotion de 1896. Section physico-mathématique.

— Beitrag zur Constitution von Pentalerythrit (Journ. f. prakt. Chemie, B. 56, 1897).

— Ueber Dimethyltrimethylen (Journ. prakt, Chemie B. 58).

21. **Sabinina (M., née Sladkovskaia)**. — 3me promotion de 1886. Section physico-mathématique.

— Des travaux écrits d'arithmétique (en russe) (Jensk. Obrazov. 1881, NN 11 et 12).

— I. E. Herbart et sa pédagogie (en russe) (Roussk. Natchaln. Outchit., 1887-1888).

— David Hume, sa vie et sa philosophie (en russe)(St-Pétersb., 1898).

22. **Sotiriadis (Eu., née Solomko)**. — Décédée en 1898, docteur en philosophie de l'Université de Zurich, ex-chef des travaux pratiques de minéralogie aux Cours en 1885-1886, 2e promotion de 1883. Section physico-mathématique.

— De la race cristalline de Issatchek (en russe) (St-Pétersb., 1884).

— Stromotopores du système devonien de la Russie (St-Pétersb., 1886).

— Die Jura und Kreidenkorallen der Krym. (1887).

23. **Siriatzkaia (M.)**. — 1re promotion de 1882. Section historico-philologique.

— Sur la question du surmenage scolaire (en russe) (Pédagogitch. Sbornik., 1884).

— A propos des réunions des philologues allemands (en russe) (Ibid., 1886).

— Du rôle de l'imagination en pédagogie (en russe) (Ibid., 1888).

— Les mesures de pénalité scolaire (en russe)(Ibid., 1886).

— Du rôle de l'imagination en pédagogie (en russe)(Ibid., 1888).

   — De l'enseignement de l'histoire dans les établissements d'instruction secondaire (en russe) (Ibid., 1890).

24. **Sollogoub (L., née Grigorova).** — 2° promotion de 1883. Section physico-mathématique.

   — De la terminaison des fibres de Remak dans les muscles de la grenouille (en russe) (St-Pétersb., 1886).

25. **Stebnitzkaia (A.).** 9° promotion de 1893. Section physico-mathématique.

   — Les positions des étoiles de h et x Persei et de leurs environs (Mem. de l'Acad. Imp. des Sciences, classe physico-mathém., v. II, St. Pétersb., 1895). (Voir Bronskaia, n. 5).

26. **Tripolitova (Z., née Penkina).** 4° promotion de 1885. Section historico-philologique. Décédée en 1888.

   — Bibliographie russe de la marine de 1701 à 1882 inclusivement. Catalogue spécial des livres russes sur tout ce qui se rapporte à la marine en russe (St. Pétersb., 1885).

   — Le Poléssié. Matériaux bibliographiques relatifs à l'histoire, à la géographie, à la statistique, à l'ethnographie et à la situation économique de Poléssié. (en russe).

   — La Transcaspie de 1865 à 1885. Index systématisé des livres et mémoires traitant de la région transcaspienne et de pays circonvoisins (en russe) (St. Pétersb., 1888).

27. **Touraieva (H., née Tséreteli).** 11° promotion de 1893. Section historico-philologique.

   — Hélène Ioannovna, grande duchesse de Lithuanie et de Russie, reine de Pologne (en russe) (St. Pétersb., 1898).

28. **Kholodniak (M., née Vesselovskaia).** 4° promotion de 1885. Section historico-philologique.

   — Etude sur l'œuvre de Komensky « Faber fortunae » (en russe) (Iéjégodnik St. Petersb. Obsch. Komenskago, 1893).

   — Sur les précurseurs de Komensky en encyclopédisme (en russe) (Ibid., 1894).

   — Des œuvres de Komensky à la Bibliothèque publique

de Vilna (en russe) (Journ. Minist. Narodn. Prosvesch. 1895, N 6).

— Quintillien en tant que pédagogue (en russe)(Obrazovanié, 1895).

— Contribution à l'histoire de la méthode phonétique (en russe) (Ibid., NN 5 et 6).

— Aurea Gemma quæ dicitur ad fidem codicis Vitreiensis nunc primum edit. Petropoli. 1898.

29. **Schiff** (**V.**, **née Ravitch**), chargée de l'enseignement des mathématiques et chef des travaux pratiques au Cours depuis 1883. 1re promotion de 1882. Section physico-mathématique.

— Des axes de symétrie des courbes de quatrième ordre (en russe). (Soobsch Kharkovsk Mathémat. Obsch. 1890. St-Pétersb., 1896).

— Démonstration d'un théorème géométrique de Cochy (en russe) (Naoutchn. Obozr., 1894).

— Méthodes de résoudre les questions de géométrie élémentaire (en russe). (St-Pétersb., 1894).

— Recueil d'exercices. Problèmes de calcul différentiel et intégral (en russe). Première partie. 1899. St-Pétersb. Seconde édition.

— Recueil d'exercices (en russe). Second volume. St-Pétersb., 1900.

30. **Schepkina** (**C.**), chargée de la direction des études de l'histoire de Russie, en 1885-1886, 1888-1889. 1re promotion de 1882. Section historico-philologique.

— La littérature populaire vers le milieu du XVIIIe siècle (en russe). (Journ. Minist. Narodn. Brosvesch., 1886, N° 4).

— L'armée des royalistes en Russie (en russe) (Ibid. 1889, N° 1).

— Les nobles de Kachira. Chronique familiale des XVI-XVIIe siècles (en russe) (Vestnik Evropy, 1889, n° 6).

— Les anciens seigneurs au service de l'état et dans leur vie privée. Chronique familialé (1578-1762) (en russe) (St-Pétersb., 1890).

— Le district de Toula au XVII⸰ siècle d'après les livres de chancellerie (en russe) (Tchténia Obsch. Istor. i Drevn. Rossiisk. Moscou, 1892, livre IV⸰, sect. XXXII⸰).

— Mémoires du lieutenant Vassiliev avec une préface (en russe) (Pamiatniki Drevn. Pissmenn, v. CXIX, 1890).

81. **Yanovskaia (B., née Porozovskaia)**, 7⸰ promotion de 1888. Section historico-philologique.

— Biographies d'hommes célèbres (Boerne, Calvin, Luther, Menchikov, Zwingli) (en russe) (St-Pétersb., 1893-1895).

Jouve et Boyer, imprimeurs, 15, rue Racine, Paris.

TABLE V

Relevé statistique, suivant les professions et le lieu de résidence, des anciennes élèves des Cours de 1882 à 1892 inclusivement

	I 1882	II 1883	III 1884	IV 1885	V 1886	VI 1887	VII 1888	VIII 1889	IX 1893	X 1894	XI 1895	XII 1896	XIII 1897	XIV 1898	XV 1899	Total	%
NOMBRE DE DAMES AYANT TERMINÉ LEURS ÉTUDES AUX COURS SUPÉRIEURS DE ST-PÉTERSBOURG	217	163	112	113	117	120	128	119	57	49	61	93	125	110	79	1663	
PROFESSIONS																	
Enseignement	91	69	39	43	41	46	35	48	21	19	26	40	26	36	18	598	63
1) Assistants, chargées de cours et chefs de travaux pratiques dans des écoles d'enseignement secondaire	5	4	—	1	—	1	—	—	2	2	4	2	2	3	2	28	
2) Directrices de lycées et de collèges	5	3	3	3	1	—	1	1	—	—	—	—	—	—	—	17	
3) Professeurs dans les lycées, les collèges, les instituts et autres écoles d'enseignement secondaire	33	19	10	8	7	5	9	7	6	—	5	5	5	9	6	134	
4) Professeurs des écoles de ville	22	17	12	6	7	9	3	7	—	1	1	—	—	—	—	85	
5) Institutrices dans les écoles de chemins de fer, les écoles privées, les écoles de la Société russe de technologie, les écoles de dimanche pour ouvriers, etc.	15	12	4	9	8	12	11	17	6	5	10	11	11	4	4	141	
6) Institutrices des écoles rurales	7	9	1	5	10	4	4	6	1	5	3	8	—	1	—	64	
7) S'occupant d'enseignement privé	7	8	6	10	8	11	6	6	5	6	3	14	7	17	6	120	
8) Ayant fondé des établissements scolaires privés	9	3	4	2	2	5	2	5	2	—	1	1	1	—	—	37	
9) Professeurs des écoles rurales	2	1	1	1	—	1	—	—	—	—	1	—	—	—	—	7	
10) Professeurs de gymnastique	—	—	—	1	—	—	—	6	—	—	—	—	—	—	—	7	
Total	—	—	—	—	—	—	—	—	—	—	—	—	—	—	—	610	
PRATIQUE MÉDICALE																	
1) Femmes-médecins et doctoresses	12	2	1	—	3	3	1	3	—	—	—	—	—	—	—	25	
2) Officiers de santé et sages-femmes	—	2	—	—	1	4	9	3	—	—	—	1	—	—	—	20	
3) Dentistes et masseuses	1	—	—	2	—	2	—	4	—	—	—	—	—	—	—	9	
Total	13	4	1	2	4	9	10	10	—	—	—	1	—	—	—	54	5,8
Femmes de lettres et journalistes	11	7	3	7	3	2	5	4	2	2	2	6	1	1	—	57	6,1
Dirigent des bibliothèques, des cabinets de lecture, etc.	1	2	1	—	2	—	—	1	2	—	—	—	—	—	—	9	
Travaillent dans des établissements scientifiques : laboratoires, observatoires, etc.	2	2	—	—	1	—	1	1	4	1	1	3	2	3	2	23	
Servent dans les bureaux de l'Etat, dans l'administration privée, dans les chemins de fer, les banques, etc.	3	6	3	1	5	4	4	7	3	2	4	5	5	2	—	57	6,7
S'occupent d'agronomie	1	—	—	3	2	1	2	2	—	—	—	1	1	—	1	14	
Sont entrées au théâtre	—	1	—	—	—	—	—	—	—	1	—	—	1	—	—	3	
Continuent leurs études	—	—	—	—	—	2	4	7	5	4	3	9	32	31	18	118	13,0
Professions restées inconnues — non mariées	15	8	6	3	5	10	8	6	9	13	14	15	8	14	3	137	
Professions restées inconnues — mariées	49	42	34	28	36	25	33	24	11	5	10	7	9	1	—	323	
Total	64	50	40	31	41	35	41	30	20	18	24	22	11	5	—	432	31,2
Ont contracté le mariage :																	
Avant le terme de leurs études	14	13	4	2	3	4	1	1	8	1	5	11	3	8	11	89	
Après avoir terminé leurs études	80	62	56	45	51	44	55	50	20	8	19	13	10	2	4	519	
Total	94	75	60	47	54	48	56	51	28	9	24	24	13	10	15	608	43,7
Répartition d'après le lieu de résidence :																	
Saint-Pétersbourg	101	61	36	29	26	41	32	43	31	25	24	56	57	68	48	675	54,2
Moscou	2	2	3	4	5	1	2	3	—	—	—	—	—	—	—	22	1,7
En province	55	51	38	41	52	45	56	49	19	18	30	24	12	18	6	514	41,3
A l'étranger	4	3	1	1	2	2	1	5	5	2	1	3	1	1	3	35	2,8
Total	165	117	78	75	85	89	91	100	55	45	55	83	70	87	51	1246	
Décédées	10	4	6	3	1	8	4	4	—	—	—	—	1	—	—	41	2,9
Domicile inconnu	16	13	5	8	11	4	7	5	1	—	2	2	14	8	—	96	
Personnes sur lesquelles on n'a pu se procurer aucun renseignement	28	29	23	27	20	19	26	10	1	4	4	8	40	13	28	280	16,8

9 782016 111710